Los tres Efectos del Ser:

¡El que quiere, puede!
¡El que busca, encuentra!
¡El que da, recibe!

¡Solo usted los puede causar!

Isaí Sierra Nolasco

Edición 2026.
Isaí Sierra Nolasco
Registro de Autor. 03-2022-040512004200-01

Isaí Sierra Nolasco

Los tres Efectos del Ser:

¡El que quiere, puede!
¡El que busca, encuentra!
¡El que da, recibe!

¡Solo usted los puede causar!

Isaí Sierra Nolasco

PRÓLOGO

Siempre existe la oportunidad de que mejoremos en todos los aspectos de nuestra vida, y hoy se nos presenta otra. Así que aprovechemos y practiquemos lo que nuestro autor nos propone para alcanzar los objetivos que nos llevarán a las metas que nos hemos fijado. Los "tres efectos del ser" nos conducirán de una manera clara y con gran facilidad por una serie de pasos que, por increíble que parezca, dependen enteramente de nosotros como lectores. Como leeremos más adelante, los tres conceptos bien conocidos de:

Querer es poder.
Buscando encontramos.
Dando recibimos.
Son abordados de una forma fresca y con un punto de vista muy interesante. Dispongámonos a mejorar nuestras vidas a través de estos aspectos. ¡Que lo disfrutes! Eduardo R. Muñoz

ÍNDICE

¡Gracias a Dios por las aptitudes y el don que me ha dado!

Dedicado a:

Ethel Abigail
Zara Eunice
Linda Isabella
¡Mis princesas hermosas!
A mis padres, Daniel Sierra y Adulfa Nolasco, por sus enseñanzas de vida.

Para todas las personas que se construyen con esfuerzo, visión y valores, y han emprendido un negocio.

¡El que quiere, puede!

Es el enunciado del efecto de poder, basado en la causa de querer.

¡Usted es la causa para poder hacer, si de verdad quiere!

Usted tiene la capacidad o facultad de hacer posible lo que se proponga.

Los tres efectos del Ser: ¡El que quiere, puede!, ¡El que busca, encuentra!, ¡El que da, recibe! ¡Solo usted los puede causar!

Los tres efectos están descritos en enunciados que comprende la causa como la parte dinámica y esencial que los produce. Es la voluntad consciente la que domina la definición de querer, la elección de buscar lo que se quiere y la decisión consciente de dar y causar estos tres efectos.

Cada uno de ellos se da en dos direcciones de reciprocidad; es decir, una vez que se produce, alimenta a su causa. De este modo, cuando usted quiere, puede, pero entre más puede, más quiere. Igualmente, si busca, encuentra y entre más encuentra, más busca. En cuanto a el efecto de recibir, cuando usted da, recibe, y cuanto más recibe, más da.

Los enunciados que describen la relación causa-efecto se basan en la premisa de que solo puede el que quiere; el que encuentra es porque busca, y el que recibe es porque da. Aquellos que quieren y se atreven pueden generar estas causas voluntariamente, ya que forman parte de sus definiciones, elecciones y decisiones. No obstante, requieren convicción, porque surgen de una consciencia libre. Las personas, cuando se convencen de lo que quieren, actúan con total libertad, libres de excusas y autoengaños. De esta forma, expanden su mente haciendo lo que les gusta, desarrollan sus aptitudes y crecen a través de sus experiencias.

Paulatinamente, cada persona comprende que tiene la obligación moral y ética de definir lo que quiere y dedicarse a lo que le gusta, aunque no todos se atreven. Quienes sí se atreven a vivir los efectos de poder, encontrar y recibir, primero se elevan a las causas de querer, buscar y dar. Quien sigue esta secuencia de causas atrae los poderosos efectos que transformarán su vida.

Si pone en práctica cada una de las causas que traen consigo estos efectos, le garantizo que su vida ya no será la misma. Tendrá el poder de definir, elegir y decidir la vida que quiere. ¡El único precio que tiene que pagar a cambio es causarlos!

Si usted quiere algo, tómese el tiempo para pensarlo e imaginarlo; nada que se haga a la ligera trae verdadera satisfacción permanente. Créame que las cosas bien pensadas se construyen dos veces: la primera en su imaginación y la segunda en la acción. Lo quiera aceptar o no, su mente todo el tiempo está ocupada pensando en piloto automático, a menos que usted le ordene pensar a su favor. Si quiere causar estos poderosos efectos en su vida, tiene que aprender a guiar su mente. Póngala a pensar en lo que quiere y así evitará pensar en lo que no quiere. ¿Cómo pongo a pensar mi mente en lo que yo quiero? Su mente tiene pensamientos ilimitados que se ponen en función para usted una vez que define lo que quiere. ¿Es muy importante definir antes de elegir? Solo empeñándose en causar este efecto de poder lograr lo que quiere y desea, empezará a ser próspero, disfrutando lo que hace con libertad. Sin dudarlo, ¡el ser humano es feliz haciendo lo que le gusta! Está en usted perderse o disfrutar de su verdadera felicidad.

¿Qué es una definición personal? Es encontrar una verdadera motivación, es decir, el motivo más fuerte que lo pueda mover a tomar acción. Cuando encuentre ese motivo personal, escríbalo en un enunciado, y esa será su definición de lo que quiere.

De esa forma tendrá para usted una razón y motivo que cambiará su vida con el poderoso efecto de hacer realidad lo que desea. En este nivel de su proceso mental, nada queda subordinado al azar o a lo fortuito; los pretextos o justificaciones dejan de persuadirle.

En cuanto se causa el primer efecto de lograr lo que se quiere, los demás contribuyen a una motivación personal perenne, y de modo dinámico y secuencial se genera uno tras otro. Es secuencial tener y mantener un fino interés en hacer las cosas que se quiere. Como también lo es encontrar y recibir, porque vienen de la consecuencia de buscar y dar.

Elimine la duda que merma en su mente el interés de seguir la secuencia, y así toda posibilidad se elevará a que usted quiera y pueda más. Por consecuencia, al mantenerse insistente en obtener lo que desea, esa fuerza impetuosa lo llevará a buscarlo y, cuanto más lo anhele, mayor será la posibilidad de encontrarlo. Existe una relación secuencial entre los efectos: el querer conlleva, con la misma fuerza, a buscar; y en cuanto se encuentra, se recibe.

Alcanzar objetivos y metas hará que su vida mantenga un elevado sentido de confianza, y en su mente y corazón, la esperanza de recibir lo que desea. Esta acción es una disposición consciente de concederse a sí mismo la virtud de amar lo que hace, disponiéndose más a la acción. Por esa razón, "no hace o da el que puede, sino el que quiere". El poder es el efecto que se genera por la causa de querer.

Los tres efectos causados por: ¡Querer!, ¡Buscar! y ¡Dar!, se hacen evidentes en la mente de aquella persona cuando su conciencia es plena. ¿Cuándo se alcanza la conciencia plena? Solo una mente consciente es capaz de despertar la conciencia y utiliza estos recursos: el cuestionamiento y la reflexión.

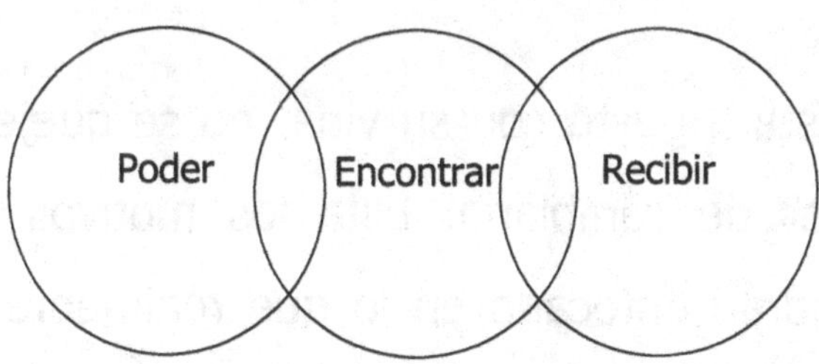

¡Usted es la causa!

¿Qué efecto está causando?

Sólo las personas que se cuestionan y reflexionan al hacerlo despiertan su genialidad y conciencia. Cuando el ser humano se preguntó si era posible llegar a la Luna, lo hizo posible. Cuando otros se preguntaron si era posible volar, lo lograron. Cuando alguien más se preguntó si era posible ganar una guerra sin armas, basándose únicamente en la razón del derecho pleno a la libertad y la dignidad, también lo hizo realidad. Las personas con una mentalidad enfocada en lo que se proponen elevan la probabilidad de alcanzar sus deseos.

Si no está a gusto con su vida, no se queje; tiene el poder de cambiarla. Elija los motivos que lo mantendrán enfocado en lo que realmente quiere (por ejemplo, ganar más dinero, comprarse un auto o pagarse unas vacaciones con su familia). Seleccione cada una de esas razones que le indican que debe cambiar y póngalas en acción.

Siempre tendrá razones para cambiar; solo elija creer en el motivo que le ayudará a transformar su vida.

¡Nadie puede ayudarle a hacer esto más que usted mismo! Pruebe esta premisa: deje de hacerse la víctima y asuma la responsabilidad.

¿Cómo puedo dejar de ser una víctima para ser responsable?

La inmensa mayoría de las personas se quejan interiormente todo el tiempo de sus circunstancias y, sin siquiera darse cuenta, no hacen nada al respecto para cambiar sus situaciones incómodas. Curiosamente, no perciben que su lenguaje verbal los delata cuando afirman «no puedo» o «no tengo tiempo».

Por ejemplo, están los empleados que se justifican al llegar tarde diciendo: «No puedo llegar temprano a mi trabajo». Otros más afirman: «No puedo ser amigable con mis compañeros si ellos no lo son primero conmigo». He escuchado a algunos empleados despotricar con ignorancia sobre sus clientes cuando estos exigen rapidez, calidad y un buen trato. Se niegan a ser empáticos con ellos y solo los etiquetan de «gruñones» y «exigentes».

En el siguiente ejercicio psicológico, usted aprenderá a aplicar una herramienta poderosa que eliminará de su mente las justificaciones y le mostrará que el esfuerzo consciente puede cambiar lo que no le gusta. Por supuesto, el cambio verdadero viene de adentro y se refleja hacia afuera. La inmensa mayoría de las personas no obtienen resultados porque invierten la causa por el efecto; es decir, se centran primero en el efecto y después en la causa, solo para quejarse.

Veamos esta lista general de los «no puedo».

- No puedo cambiar mi forma ser.
- No puedo llegar temprano a mi trabajo.
- No puedo disfrutar de mi trabajo.
- No puedo ser cariñoso con mi familia.
- No puedo ser feliz con mi pareja.
- No puedo construir mi casa.
- No puedo comprarme un auto.

Estos son los enunciados que están en las mentes de las personas que se hacen víctimas de sus circunstancias, porque inconscientemente se centran en el efecto y no en la causa. Todo efecto tiene una causa y nadie puede obtenerlo sin causarlo. Solo si aplica este ejercicio psicológico, podrá dejar de ser víctima de las circunstancias. Escriba, en primer orden, la causa que le impide cambiar para evidenciar lo inconsciente y pasarlo a lo consciente. Los siguientes enunciados producirán un cambio en su mente y entenderá que usted es la causa de lo que vive.

Al cambiar "puedo" por "quiero", los enunciados pasan de una limitación externa a una declaración directa de su intención y motivación.

- No *quiero* cambiar.
- No *quiero* llegar temprano a mi trabajo.
- No *quiero* disfrutar de mi trabajo.
- No *quiero* ser cariñoso con mi familia.

- No *quiero* ser feliz con mi pareja.
- No *quiero* construir mi casa.
- No *quiero* comprarme un auto.

Estos son los enunciados que están en las mentes de las personas que se hacen conscientes de sus limitaciones mentales y se atreven a cambiarlas. Si usted no quiere, nada puede hacer.

Solo consciente, pleno y afirmativo, podrá cambiar las circunstancias.

Su enunciado personal tiene que empezar con la causa que solo usted puede provocar o causar. Si de verdad quiere cambiar, empiece por querer.

- Yo quiero cambiar.
- Yo quiero llegar temprano a mi trabajo.
- Yo quiero disfrutar de mi trabajo.
- Yo quiero ser cariñoso con mi familia.
- Yo quiero ser feliz con mi pareja.
- Yo quiero construir mi casa.
- Yo quiero comprarme un auto.

Estos son los enunciados conscientes que guían la mente de las personas responsables, quienes saben exactamente lo que quieren y luchan por conseguirlo.

PARTE I

Primer efecto:

¡El que quiere, puede!

Usted es la causa que produce el efecto de poder si, consciente y voluntariamente, quiere.

¿En qué consiste el efecto de poder? Consiste en aferrarse a un motivo personal, el cual se convertirá en la razón más importante y poderosa de su vida. Solo así podrá encaminarse con plena conciencia de lo que usted quiere.

¿Cómo provocamos el efecto de poder hacer o lograr lo que en la causa se quiere? El poder de hacer o lograr —que es el efecto que produce la causa de querer en cada persona que así lo define— proviene de su condición voluntaria de tener: disposición, intención, determinación, coraje o valor, y su más fino interés.

¿Usted podría hacer algo extraordinario sin desearlo? Ciertamente no; las personas logran cosas extraordinarias cuando realmente lo quieren. Sin esta condición voluntaria, se fracasa por indecisión. Tarde o temprano, quien carece de un motivo personal perdurable se aleja de su supuesto objetivo, y la poca intención que tenga se desvanece.

He observado la gran diferencia que marcan las personas cuando abren su corazón para ayudar a los demás: todas actúan por convicción propia. Todos poseemos esta virtud, la capacidad de hacer, pero no todos se permiten "querer". Así como hay un motivo, existe un deseo.

"No siempre ayuda el que más tiene, sino el que quiere y se atreve". La diferencia que usted puede marcar no radica en su condición de tener, sino en su intención de querer. La intención es, por naturaleza, emocional y voluntaria, y está condicionada por la conciencia y la razón de hacer.

¿Por qué la inmensa mayoría de las personas postergan lo que quieren hacer?

Este libro que lees ahora, incluso yo lo postergué durante dos años. Me inventé las mejores excusas para negar mi intención y caí en la negligencia, posponiéndolo una y otra vez, hasta que me hice consciente de que yo era la causa que producía el efecto de poder escribirlo. Entonces comprendí que la consciencia es voluntaria y nos exige más fuerza cuando se «desea» y, en esta secuencia, se crea en la mente la definición, elección y decisión de hacerlo.

Para escribir *Los tres efectos del ser*, definí la premisa, elegí y decidí causar cada uno de ellos en mi vida. Sentirlos en mi piel, observándolos desde adentro de mi ser, me ha permitido entenderlos y compartirlos. Todos, a una escala menor, hemos experimentado los tres efectos; pero la diferencia, en mayor escala, radica en lo extraordinario y en lo que pocos se atreven a experimentar.

El efecto que produce el "querer" es el "poder" lograr aquello que ocupa su interés. La chispa que enciende su motivación radica en sus prioridades. Toda persona empeñada en cuestionarse a sí misma, sin culpas, despierta su genialidad y eleva su conciencia hacia un cambio de personalidad. **¿Qué tanto le interesa lo que quiere lograr? ¿Está dentro de su agenda o es solo una aspiración momentánea?** No es fácil guiarse por la voluntad, pero si logra ser más consciente de sus deseos, actuará con la libertad de quien realmente tiene interés. La disposición, capacidad y facultad para hacer lo que se desea dependen de lo que más le importa a cada persona y, en consecuencia, de la decisión de actuar sin excusas.

¡Si en verdad lo desea, puede lograrlo! Su determinación para alcanzar sus metas radica en la plena consciencia de lo que define, elige y decide; es su valor lo que le permite tomar acción. No se trata de una opción, sino del camino hacia sus objetivos: transformar el miedo en su mayor fortaleza y ventaja. Solo aceptándolo podrá hacer frente al temor que surge al buscar la cima y obtener los resultados deseados. ¡Es posible convertir la adversidad en un logro extraordinario! Nadie, ni usted mismo, podrá llegar tan lejos ni avanzar con benevolencia si en su interior no hay valentía, seguridad y convicción. Por ello, aunque enfrente grandes tormentas y batallas silenciosas, su determinación ante la adversidad lo elevará a una consciencia de aceptación para lograr su transformación.

Poder y dominio.

¡Usted tiene poder y dominio por elección! Lo crea o no, es a usted a quien le compete aplicarlos.

¿En qué consisten el poder y el dominio que hay en su interior? El poder radica en su capacidad para definir y elegir lo que quiere vivir. ¿Quién eligió la vida que lleva, los lugares, las personas, los momentos o el trabajo que realiza? ¡Todo está en su poder de decisión! Sus pensamientos y sentimientos son parte de lo que elige todos los días. Reconocer y aceptar que es usted quien define su realidad le da el poder de cambiar de rumbo.

Sin embargo, hay algo que lo puede alejar de esta virtud: la inconsciencia de la causa que produce el efecto.

¿Qué es lo que se define y elige? Se definen y eligen los pensamientos y los sentimientos. Por ejemplo, si usted piensa que puede, está en lo correcto, y si piensa que no puede, también está en lo cierto. Una vez que usted define y elige querer, por esa causa se hará visible, de manera inminente, el efecto del poder. Nadie más puede crear las posibilidades, solo quien quiere.

¿En qué consiste su dominio? Cuando usted define, elige y decide llevar a cabo su propósito, nadie lo obliga a hacerlo. El dominio es esa libertad consciente de decidir la vida que quiere. Usted decide hacer y deshacer, porque en su interior tiene la libertad de elegir. ¡Nadie vive por usted! Dese cuenta: usted es libre de pensar y sentir lo que quiera, y de disfrutar de esa libertad en plenitud.

La disposición es lo primero

Cuando una persona quiere lograr u obtener sus metas y objetivos, lo primero que debe tener en mente es la disposición. Siempre está presta para la acción y evita las excusas, porque tiene las ganas de hacer que las cosas sucedan. Tenga disposición anímica para hacer lo que se requiere y céntrese en las posibilidades más que en las limitaciones. ¡Eso hará la diferencia! Siendo usted la causa, más que no poder, ¡es que no quiere!

La disposición es una cualidad de quienes quieren lograr el efecto de poder; están siempre dispuestas a la acción. Se emocionan, piensan e imaginan el resultado y no racionalizan tanto el proceso, ya que este suele ser duro y requiere esfuerzo. Por lo tanto, es bueno que las personas se ilusionen rápidamente y quieran tener éxito. Al visualizar el resultado y no el proceso, sus mentes no se entretienen en lo difícil y doloroso que este puede ser, sino que se mantienen dispuestas a aprender y cambiar.

El proceso que lleva al efecto de poder es necesario para transformar nuestro carácter y mejorar nuestras actitudes, habilidades y aptitudes. Pensemos, por ejemplo, en la naturaleza: la semilla debe desaparecer para dar paso a su transformación en planta y luego en árbol. Ocurre lo mismo con la oruga, que elimina lo que ya no le sirve para transformarse en mariposa. ¡Quien no está dispuesto a aprender, no está dispuesto a cambiar! Quien quiera generar un verdadero cambio en su vida debe estar dispuesto a aprender. Aunque los procesos sean difíciles y algunos dolorosos, son necesarios para transformar lo ordinario en extraordinario. El trabajo extraordinario exige esfuerzo, iniciativa, disciplina, entrenamiento, tiempo, perseverancia y aprendizaje; este se convierte en el proceso que lo llevará a la cima de lo que desea alcanzar.

Trabajo extraordinario → Perseverar en el proceso → Resultado / Éxito

Viva el proceso de su aprendizaje con amor.

Las experiencias que nos enseñan nos hacen fuertes, inteligentes y valientes; a menudo, vienen envueltas en dolor, esfuerzo y confusión. Por esa razón, viva su evolución con amor y no desde el miedo, ya que este crea dudas y genera una atmósfera de enfado en la que nada bueno puede prosperar. ¡Sea valiente!

Quien pretenda violar los principios de crecimiento y desarrollo buscará atajos y solo cosechará autoengaños. No le quedará más que aceptar que, sin recorrer el proceso, no hay resultados, éxito ni aprendizaje posibles.

Si quiere llegar tan lejos como su imaginación se lo permita, empiece primero a trabajar en su interior. ¡Déjese enseñar!

Quien aprende edifica y construye una gran personalidad. Convierta sus pensamientos y sentimientos en ladrillos mentales que construyan la vida que desea. Alimente su interior solo con principios y valores extraordinarios, ya que una vida sin dirección solo lleva a la deriva y a la desdicha.

He aprendido que ayudar es un principio de sinergia y que una comunidad donde todos se ayudan crea prosperidad; sus integrantes elevan sus vidas a un estado de abundancia y el colectivo lo define como una prioridad. También he aprendido que, para que se cree un esfuerzo adicional entre una mente y otra con una conexión voluntaria, y para que las cosas sucedan en esa armonía, la determinación, el coraje y una conciencia plena son las piezas clave que embonan en ese orden.

Para superar cualquier dificultad o problema, contrario a lo que usualmente se piensa, se requiere tener bien claro un objetivo: ¿por qué y para qué lo quiere? Es decir, pensar en la solución, no en el obstáculo. Así, quien se centra en la virtud y no en la carencia de las cosas, genera un ánimo impetuoso hacia la resolución. Si usted convierte una dificultad o problema en un objetivo, cambiará su perspectiva y su mente se enfocará en el blanco del resultado.

Alcance sus objetivos con la iniciativa.

Tome acción por iniciativa propia, ya que quien no lo hace de esta manera es obligado irremediablemente por las circunstancias apremiantes de la negligencia y la rigidez. Esta no es la excepción, sino el método para alcanzar lo imaginable y lo posible. Quien actúe así llevará un paso adelante, obteniendo una clara ventaja y un recurso personal de autodirección. Como ejemplo, se puede señalar a los grandes vendedores y emprendedores que, mediante la iniciativa, toman acción, proponen y ejecutan sus ideas, estableciendo así un estándar de resultados.

No es posible llegar muy lejos en el proceso de crecimiento personal sin disciplina; es más, sin ella el plan se estanca, se detiene, se interrumpe y el hábito se inhibe. Imagine la experiencia de correr 2 kilómetros en un tiempo de 7 a 9 minutos, si en los primeros intentos usted solo logra dar una vuelta a la manzana y lo hace una vez por semana. Para lograr esa meta, va a requerir práctica continua y sin interrupciones hasta conseguirlo.

La vía de la superación se encuentra en la disciplina.

Si de verdad desea mantenerse en la alta dirección, necesitará una negociación personal con su mente, su corazón y su cuerpo para exigirse un mayor rendimiento; pues solo así alcanzará los resultados que desea mediante un entrenamiento ininterrumpido. Así como se entrena el cuerpo, primero se deben entrenar la mente y el corazón para que actúen conforme a sus propósitos.

Toda persona que mantiene un carácter firme e inmutable en sus decisiones jamás vulnerará sus objetivos, y sus resultados serán el fruto de sus pensamientos y creencias moralmente correctas. ¿Cómo se puede reprogramar y entrenar la mente cuando se tiene un programa mental que se resiste a nuevas y mejores experiencias? ¿Acaso es posible para todos reprogramar y entrenar la mente mediante una programación verbal basada en afirmaciones?

Es evidente que su mente trabaja con información, sin importar si esta es correcta o errónea; de esa fuente provienen sus decisiones u omisiones. Si desea reprogramarse y cambiar el mapa de su vida, las preguntas personales que se plantee la direccionarán, y las afirmaciones darán forma tangible a sus ideas y pensamientos.

¿Cómo cambiar los pensamientos erróneos en pensamientos afirmativos?

Vea la siguiente tabla.

Pensamientos erróneos	Pensamientos afirmativos
No puedo… No tengo tiempo… Tengo que hacerlo… Me hacen ser así… Tal vez pueda… Así nací	Yo quiero… Yo puedo… Yo elijo hacerlo… Yo decido… Yo voy… Yo defino…

Los pensamientos erróneos bloquean, limitan y estancan a cualquier ser humano, manteniendo dormido su potencial. Sin embargo, todo aquel que insiste y persiste en su proceso de desarrollo y crecimiento personal, seguirá alimentándose de pensamientos afirmativos. Mediante ellos, usted se mantiene libre de excusas y capacitado para obtener mayores resultados.

Hasta hoy, no conozco a una persona que logre trascender y avanzar justificándose con estos pensamientos: «no puedo hacerlo» y «no tengo tiempo». Todos los que deseen alcanzar grandes objetivos, deben reprogramar su mente para el éxito y mantenerse en esa dirección. Recuerde que el tiempo no perdona a nadie, por más buena persona que usted sea. Invierta su tiempo en lo que más le interese y edifique la vida que quiere, haciendo lo que más le apasione. Solo así, quien administre su tiempo en la virtud del bien hacer marcará la diferencia en sus resultados.

Las personas que actúan de este modo nunca son vanas, sino de alto valor, porque buscan darle un propósito a sus vidas. Considero que el mejor de los propósitos radica en descubrir y servir en lo que nos gusta. Esa es la mayor satisfacción para quienes definen, eligen y deciden la vida que desean vivir.

Si usted de verdad quiere lograr sus fines y propósitos, manténgase firme y no claudique. Por el contrario, crea más en su visión y búsquela. No existe otro tiempo ni otra persona que lo pueda hacer por usted. ¡Aléjese de lo ordinario haciendo lo extraordinario! Aférrese a sus buenos deseos con total intensidad y sea insistente en el lugar o posición en la que quiere estar.

Aunque lo perturben el dolor, la tristeza, la indiferencia y el rechazo, manténgase insistente. Esta será su prueba infalible para tener más esperanza y confianza. ¿Qué ser humano, carente de una brújula o con dudas internas, puede permanecer motivado y consciente de lo que quiere? En tal caso, no existe una razón para persistir cuando no se tienen una visión, motivos y objetivos claros.

La duda detiene, oculta y empaña las oportunidades para quien desconfía y menosprecia su valor y coraje; pero no para quien sueña y desea. ¡Empiece por creer! Las personas que creen son perseverantes y más optimistas en las circunstancias adversas. También se hacen más fuertes, capaces e inteligentes, porque se atreven a vencer obstáculos y aprenden a resolver sus problemas o desafíos con mayores destrezas.

Si usted decide ser optimista, se convertirá en una persona más persistente y férrea para perseguir y lograr sus objetivos. Son muchas las cualidades que afloran en las personas optimistas; tal vez, una de ellas sea la capacidad de aceptar sus fallas o equivocarse en sus decisiones.

Por el contrario, la resignación, el menosprecio o el rechazo nos limitan a la hora de cambiar lo que nos daña o lastima. No obstante, considero que el cambio personal comienza con la aceptación de los defectos y las virtudes, porque quien no acepta sus debilidades, jamás las podrá convertir en fortalezas. ¡Quien no aprende, no cambia!

¡Marque la diferencia, póngalo en práctica!

Quien quiera alcanzar sus sueños, deseos, objetivos y propósitos tiene que estar dispuesto a aprender. Existe un método muy efectivo para ello: enseñar. Este método compromete e involucra en un proceso activo y recíproco de enseñanza-aprendizaje. Quien enseña hace ambas cosas; se involucra en la práctica y, entre más practica, más aprende.

Dentro de esta dualidad, es comprensible el sentido recíproco del proceso: ¡se aprende enseñando! Un ejemplo de esto son los padres durante la crianza de sus hijos. Puesto que no hay una escuela que enseñe a ser padres, estos se forman en la práctica. Bajo esta premisa, aprenden a serlo al educar a sus hijos en cada etapa de sus vidas, lo que representa la adquisición de nuevas habilidades y la superación de desafíos para ejercer una buena crianza. Sí, sin duda alguna, se aprende enseñando. Quien quiera aprender bien, tiene que enseñar. En este proceso ambas partes aprenden, pero aprende más quien enseña.

Por ejemplo, si usted quiere enseñar a sus hijos a ser pacientes, generosos, entusiastas, empáticos, visionarios y a desarrollar cualquier otra cualidad o habilidad, tiene que educarlos con su ejemplo. En un ambiente congruente —es ahí, en su hogar, donde comprenderá que las palabras no cuentan, solo sus hechos—, todo se reduce a una elección y decisión personal para quien desea vivir con dignidad. La congruencia crea la conexión con el valor de la dignidad, o evidencia la ausencia de esta.

La experiencia siempre arroja resultados y el conocimiento derivado de ella ofrece la mayor ventaja. Este conocimiento es elevado, pues transforma, da significado y dirección, y lo compromete con lo que se quiere lograr. Dicha transformación ocurre en la mente con un cambio de pensamiento que se refleja en un lenguaje positivo y asertivo.

Por el contrario, el conocimiento que no se deriva de los resultados y las experiencias evoca en la mente un lenguaje vacío, indiferente, fantasioso y distante. Pero el conocimiento que se obtiene de los resultados y las experiencias siempre cambiará para bien su perspectiva. La conexión entre ambos le hará comprender que no hay fracasos, solo aprendizajes, tal como lo experimentó el inventor Thomas Alva Edison al perfeccionar la lámpara incandescente, no sin antes haber tenido 1,000 intentos fallidos. En la prueba y el error, sin dejarse vencer, logró perfeccionar la bombilla eléctrica.

Lo mismo pasa con el escultor, donde los demás ven solo una roca, en su imaginación él ve una bella escultura. Aprenda a ver las dos caras de la moneda sumergiéndose en las experiencias: los que dicen que no se puede y los que demuestran lo contrario.

Todo depende del efecto que estemos dispuestos a causar: poder, encontrar y recibir. Finalmente, si usted quiere, va a buscar los medios hasta que pueda y entonces será digno de recibirlo.

Créalo y alcanzará su éxito.

Muchas veces, el éxito viene envuelto en el sufrimiento y en las dificultades. Así como el oro que se prueba en el fuego, surge la fortaleza de la debilidad de quien se pone a prueba. Por eso, no importa que duela o lastime; tarde o temprano, todo se transformará en su éxito.

Hasta hoy, nadie ha podido inventar una fórmula única para alcanzar el éxito, solo existe el camino personal de creer que poniendo todo su esfuerzo y persistencia llegará a la meta. Si en lo que quiere lograr deja de intentarlo, es porque ha dejado de creer, y en la incredulidad nadie persiste.

Creo que, en esencia, toda experiencia se convierte en aprendizaje, porque en cada intento fallido por lograr nuestros sueños, solo se aprende y se escala. Pruebe de todas las formas posibles cómo no se deben hacer las cosas, para que descubra cómo sí se puede.

Aprender fallando para obtener el éxito no es más que la paradoja de aprender quitando o eliminando lo que no es necesario, tal como lo hace el escultor; y descubriendo cómo no se puede hacer, como lo hace el inventor.

Tenga la mejor intención.

Toda intención que tiene un fin determinado puede convertirse en un buen resultado, dependiendo de su intensidad y, sobre todo, de ser específico. Pero, si usted falla en lo que quiere lograr, mientras no se rinda o pierda su propósito, seguirá intentándolo. Solo así le garantizo que, tarde o temprano, lo logrará. ¡Qué alivio! Por esa razón, no existen los fracasos para quien persiste, solo aprendizajes.

Si usted quiere hacer algo extraordinario en su vida y no lo intenta, estará evitando el poder lograrlo. Muy a menudo, las personas ignoran el efecto que causa querer «algo». ¡El que quiere, puede! Sin embargo, no se puede dar el efecto del poder sin la causa de querer. Toda intención humana sin objetivos claros en lo que se quiere lograr, se desvanece, aunque por condición natural se desee. Por esa razón, no todos hacen lo que piensan y, aunque se tenga la voluntad de querer, no todos pueden. ¿Dónde radica la diferencia para que la intención de querer dé frutos? ¡No solo es querer, es también definirlo! Si la inmensa mayoría de las personas quiere tener un cuerpo esbelto y saludable, ¿por qué solo unos pocos determinan hacerlo?

Esa es la diferencia en toda intención humana: la determinación definida.

La determinación hace la diferencia.

Si desea lograr algo, no se detenga, a menos que sea para tomar impulso; siga adelante hasta conseguirlo. Aunque parezca imposible, mantenga la convicción y la firmeza. La recompensa llegará al final, tal como ha sucedido con quienes no perdieron la fe ni claudicaron en sus grandes propósitos. Como el caso de David cuando venció al gigante Goliat.

David era pequeño e inexperto en comparación con Goliat, y aun así lo venció. Goliat era un gigante filisteo que por mucho tiempo se la pasaba burlándose de los israelitas. Un día, a gritos y muy desafiante, les dijo: "Deben escoger a alguien que se atreva a pelear conmigo. Si me gana, nosotros les serviremos a ustedes. Pero si yo gano, serán ustedes quienes nos sirvan a nosotros".

David, que confiaba en Dios, preguntó a los soldados cuál era la recompensa para el que ganara la batalla. Los soldados dijeron: "El rey Saúl entregará grandes riquezas al vencedor y le dará a su hija como esposa". Los soldados fueron a contarle al rey Saúl que David quería pelear contra el gigante Goliat. El rey le dijo a David: "Goliat es un soldado y, además, es un gigante. ¿Cómo le vas a ganar siendo tan pequeño y sin experiencia?". "Yo maté un oso y un león; con Goliat será igual que con ellos. Dios me ayudará a vencer", afirmó David. A lo que el rey respondió: "Entonces ve, y que Jehová te acompañe".

David se fue al río a buscar unas piedras muy lisas y las guardó en su bolso; se alistó para enfrentar al gigante. Cuando Goliat vio a David, pensó que con seguridad lo vencería. Lo vio tan pequeño que no lo consideró un rival. Goliat amenazó a David con dar su cuerpo como alimento a los animales una vez que fuera vencido. Pero David respondió: "Vienes a mí con espada, lanza y escudo; pero yo voy contra ti en el nombre de Dios, y Él será quien te entregue en mis manos. Yo lo venceré".

David sacó una piedra, la puso en su honda, la agitó fuertemente dándole algunas vueltas y luego la lanzó hacia la frente del gigante. La piedra se incrustó en la frente de Goliat y este cayó vencido. Al ver esto, los filisteos huyeron del lugar y fueron perseguidos por los israelitas hasta que los vencieron y los tomaron prisioneros (véase el libro de 1 Samuel 17:26-50).

Sin dudar, mantenga su fe, esperanza, confianza y valor; así obtendrá la recompensa de ser determinante.

Tenga el coraje y hará que suceda.

Tener coraje es no escatimar, eliminar las excusas y poner todo el esfuerzo en hacer realidad lo que tanto se desea. En esencia, es la virtud de quien quiere lograr algo y se manifiesta con un valor prominente, dispuesto a vivir o morir por ello. Es la decisión definitiva, la que no posterga ni claudica. El coraje no es un impulso del inconsciente, sino de la conciencia plena que busca la dignidad, la libertad y el derecho a concederse el premio que pocos se atreven a obtener.

El coraje es la única fuerza que no se deja doblegar por el miedo. Quien sabe que es digno de merecer lo que quiere se atreve osadamente. Tal es el caso de Matías Leiva, un joven chileno que logró salir adelante pese a las graves deudas económicas que enfrentaba. Él cuenta que comenzó su negocio con tan solo 6.000 pesos, vendiendo sándwiches en el centro de Santiago de Chile, y con ese escaso capital fundó «La Insolencia» (Drag Food).

Esta decisión que tomó Matías determinó el rumbo de su vida. Ahora, es digno de compartir su inspiradora historia en sus charlas motivacionales.

El coraje tiene dos connotaciones según la Real Academia Española: impetuosa decisión y esfuerzo del ánimo o valor; y, por otro lado, irritación o ira. Sin embargo, la denotación sublime que eligen quienes tienen el máximo interés en lograr lo que quieren es el ímpetu en «hacer». Estas personas toman la determinación de hacer que las cosas sucedan, poniendo en ello todo su esfuerzo y valentía.

Su interés lo dice todo.

La conducta humana solo se mueve de forma activa mediante un interés consciente. No conozco otra manera ni a nadie que se mantenga motivado sin grandes motivos. Según algunos estudios, existen quince motivos clave que impulsan el comportamiento humano. Ya sean personales o grupales, cuando las personas tienen un interés genuino por aprender o por ayudar, beneficiando a otros o a sí mismas, le ponen toda su atención, concentración y dedicación a lo que de verdad quieren.

Estas tres fases del interés requieren una habilidad fundamental para concretarse: la paciencia. Cuando las personas tienen interés en algo, pero también prisa por conseguirlo, caen en la impaciencia; y sin atención, concentración y dedicación, les será imposible lograrlo y disfrutarlo. Al cambiar lo bueno por lo mejor, es importante aprender a postergar la gratificación, lo cual solo se alcanza con paciencia. ¿Por qué es importante tener paciencia al buscar lograr «algo»? Casi todas las decisiones tomadas con prisa y sin meditar producen frustración. Es bueno pensar rápido, pero no siempre es conveniente tomar decisiones con tanta premura.

La atención es reciproca

La intención de quien busca lograr "algo" es siempre acertar, por lo tanto, la atención puesta en el objetivo tarde o temprano dará buenos resultados. Por ejemplo, el aprendiz que pone toda su atención en aprender una habilidad, cualquiera que esta sea, verá cómo el oficio aprendido le devuelve el fruto de su interés en forma de conocimientos. Pero, al desviarse del objetivo, la atención puede verse mermada por la duda, el temor, la negligencia o el desánimo, haciendo que la indecisión posponga su recompensa.

"La mente ve lo que quiere ver". Esto se debe a que trabaja con orden, atención y enfoque a través de los sentidos. La mente funciona en un proceso analógico similar al de un computador: ¿puede usted escribir un texto en Word y a la vez ingresar cifras en Excel? Claro que no, solo puede hacerlo alternadamente. Lo mismo ocurre en su mente; el enfoque mental es su atención. ¿Quién puede realizar todas sus actividades si primero no las ordena? Cuando la mente pierde por completo la atención, también pierde el control, el orden y el enfoque. En casos extremos, como el de un conductor que viaja a velocidad máxima por carretera, si desvía su atención unos segundos, se precipita al vacío. Sin embargo, para su alivio, usted no conduce un vehículo, sino su propia vida, la cual tiene como propósito lograr lo que usted desea.

En todo interés humano sucede lo mismo; quien quiera alcanzar sus objetivos debe valorar el orden y el proceso. Primero la atención, después la concentración y, por último, la dedicación. Con un control total, usted puede alcanzar lo que se proponga.

El punto más elevado de su interés radica en su concentración.

Suponga que usted busca en una tienda de ropa para caballeros camisas azules de un solo color, con cuello francés; lo segundo que hará su mente, después de la atención prestada para encontrar el color, será concentrarse y enfocarse en clasificar exactamente la prenda que busca. Los demás colores y tonalidades quedarán en segundo plano. Así como el valor requiere de toda su fuerza, la concentración exige el máximo interés en agudizar sus sentidos para no equivocarse. Esto es similar a aprender a andar en bicicleta o dominar la habilidad de conducir un automóvil. Después de todo, nadie ha logrado adquirir una habilidad rápidamente sin atención, concentración y la plena dedicación de sus sentidos.

Sin dedicación, los planes no se cumplen.

La dedicación es la entrega intensa y continua a una actividad determinada. ¿Cuánto tiempo le dedica a estudiar y practicar lo que hace? Muchas personas se frustran cuando no ven resultados rápidos, y esto ocurre porque sembrar no es lo mismo que cosechar. Existen diferencias en las etapas de un proceso, aunque formen parte del mismo. ¡No se desespere, todo lleva su tiempo! Se dice que ni Roma ni la gran muralla china se construyeron en un día.

Querer alcanzar un objetivo sin continuidad en el proceso es engañarse a uno mismo. Si usted quiere ver resultados en un día, va a depender de lo que se proponga. Sin embargo, tener un cuerpo atlético y saludable requiere de meses o años, y la disciplina de alimentarse y ejercitarse todos los días. Interrumpir negligentemente el proceso para alcanzar un objetivo es propio de quienes no quieren pagar el precio.

Si usted quiere ser digno de obtener algo bueno, debe estar dispuesto a dedicarle tiempo y esfuerzo. Por ejemplo, una semilla germina en unos cuantos días, pero no lo hace para dar frutos, sino para crecer. Del mismo modo en que alimentaría todos los días a un árbol cuando apenas es una planta, puede nutrir el proceso de todo lo que desea lograr.

Resumen:
El efecto de poder

Las personas que desean provocar este efecto sustituyen el "no puedo" por el "quiero" y, de esta manera, generan el **efecto de poder**. Sus principales características son:

- Utilizan su poder y dominio para definir, elegir y decidir el rumbo de su vida.
- Muestran una disposición constante para la acción.
- Aprenden a disfrutar el proceso de aprendizaje sin emitir quejas.
- Toman la iniciativa para alcanzar sus metas.
- Marcan la diferencia al poner en práctica lo que aprenden.
- Aprenden mediante la prueba y el error hasta alcanzar el éxito.
- Tienen la firme intención de hacer que las cosas sucedan.

- Marcan la diferencia con determinación.
- Se llenan de valor y coraje para no claudicar.
- Mantienen el máximo interés en lograr el éxito.
- Enfocan toda su atención, dedicación y concentración en sus objetivos.
- Invierten el tiempo necesario para desarrollar y dominar sus habilidades.

¡El que busca, encuentra!

Es el postulado del efecto de encontrar, basado en la acción de buscar.

¡Usted es la causa de encontrar lo que busca, si de verdad lo quiere!

Usted puede conseguir o encontrar lo que desea mediante la secuencia de provocar este efecto.

PARTE II

Segundo efecto:

¡El que busca, encuentra!

Usted es la causa que produce el efecto de encontrar si busca de manera consciente y voluntaria.

¿En qué consiste el efecto de encontrar? Consiste en mantenerse en el proceso de la primera creación: su imaginación. Es en su mente donde las cosas se crean por primera vez. Sin dejarse vencer por las circunstancias y sin desistir, es posible hacer realidad lo que busca.

Los tres efectos tienen una secuencia recíproca en su relación causal, pues emergen de la voluntad consciente de cada persona. No obstante, ¿quién puede encontrar algo en la nada, cuando no sabe con certeza lo que busca? Las posibilidades aumentan en la dirección correcta cuando se define lo que se quiere. Es entonces cuando quienes tienen sentido de prioridad encauzan el proceso de buscar una solución a sus deseos o necesidades; crean un plan estratégico con directrices explícitas —que consiste en definir una visión, misión, valores, objetivos y metas— para encontrar lo que desean.

Para saber cómo llegar a un destino sin desviarse, usted requiere un mapa que describa la ruta con definiciones precisas. Aunque es la causa de querer la que crea la visión, no es la única que genera el efecto de poder, sino la conjugación de tres elementos: querer, buscar y dar. La fuente de causalidad radica en la voluntad; por lo tanto, si de verdad quiere algo, usted lo busca y entrega lo que sea necesario a cambio de recibir lo que desea.

La visión le dará dirección.

¿Qué es lo primero que la mente crea, querer o buscar? Nadie puede buscar algo con diligencia sin la certeza de lo que quiere.

Es verdad que tener una visión lo puede llevar tan lejos como usted lo desee, pero también requiere certeza, convicción, imaginación, un plan estratégico, y mantenerse optimista y persistente. Sin estas cualidades, quienes buscan materializar su visión desistirán tan rápido como dejen de creer.

La certeza de lo que usted quiere obtener lo lleva a buscar.

La certeza es una condición de la fe que las personas con visión tienen y mantienen para alcanzar sus resultados. Por otra parte, la visión es ver lo que aún no existe materialmente.

No obstante, los milagros le ocurren solo a quienes creen, y no a quienes dudan. Por consiguiente, quien cree se mantendrá con convicción, y en este nivel de la mente no hay temor, solo tesón.

Crea y esté lleno de convicción.

Si cree en su visión, nadie podrá convencerlo de lo contrario ni hacerle creer que algo es imposible. Los líderes comparten esta cualidad y atraen seguidores; es como un imán que atrae con fuerza a quienes son semejantes a usted. Nadie puede convencer a otros, ni siquiera a sí mismo, si primero no está convencido de lo que quiere. Ciertamente, las personas se comprometen menos o abandonan sus proyectos cuando dejan de creer. Por ejemplo, las parejas dejan de amarse o respetarse cuando ya no creen en la fidelidad mutua; otras personas dejan de perseguir sus sueños debido a circunstancias desfavorables; y algunos niños dejan de soñar cuando los adultos les dicen que sus metas no se harán realidad.

Sin embargo, quien se mantiene firme en lo que cree, a pesar de las circunstancias y de las suposiciones de los demás, logra sus objetivos. Un informe señala que en 1854 el reverendo G. B. Engle subestimó a uno de sus estudiantes de siete años, Thomas Alva Edison, tachándolo de «tonto o retrasado». Y miren lo que logró: perfeccionó la lámpara incandescente que todos usamos para iluminar nuestros espacios. No se distraiga por lo que le digan; usted crea la vida que quiere y se hará digno de ella.

Quien define, elige y decide mantener su convicción es capaz de activar en sí mismo y en otros la imaginación consciente que lleva a materializar el deseo. Gracias a la convicción de que su hijo tenía talento, la madre de Edison le inspiró un ardiente deseo por aprender.

La imaginación está al alcance de todos.

Esta fuerza poderosa, aunque disponible para cualquiera, es utilizada correctamente por unos pocos e incluso ignorada por completo. Sin embargo, las mentes brillantes acceden a ella constantemente a través de preguntas, ya que todo pensamiento definido genera una imagen que activa la imaginación consciente.

Por lo general, utilizamos el lenguaje de las palabras para definir algo; por ejemplo, la palabra «verde» define y crea en su mente la imagen de ese color en automático. Considero que la genialidad, tanto en cualquier persona como en las grandes mentes, se despierta mediante la imaginación. No obstante, no es posible acceder a ella sin el conocimiento de los recursos que conforman esta poderosa fuerza invisible de la mente.

La estrategia le permitirá lograr su visión.

Nadie que tenga una gran visión la podrá alcanzar sin un plan estratégico. La Real Academia Española define la estrategia como el arte o la traza para dirigir un asunto. Su mejor denotación la convierte en un plan para realizar un fin.

Esta estrategia le permitirá autodirigirse con un alto nivel de motivación, capaz de transformar todo obstáculo en solución. Aunque en todas las personas existe una condición natural de resistencia al cambio, este es esencial para el crecimiento. No obstante, los obstáculos son nuestros mejores maestros para enseñarnos cómo llegar a la meta, siempre y cuando no renuncie a ella.

Cualquiera que aspire a pasar a otro nivel de resultados, sin excepción, está obligado a probar todos los métodos. ¡Este es el plan para lograr su éxito: hacer que suceda!

¡Haga que suceda!

El éxito, al igual que el fracaso, es contagioso; nos volvemos semejantes a las personas con las que convivimos todos los días.

Rodéese de personas optimistas que tengan grandes propósitos; la retroalimentación que reciba de ellas añadirá valor a su vida.

Lidere su equipo: si desea alcanzar su visión, deje de ser espectador y empiece a dirigir. Esta perspectiva le permitirá desarrollar su verdadero liderazgo.

Inspírese: lea la Biblia y libros de su interés para fortalecer su fe.

Busque personas afines a usted.

Quienes tienen grandes propósitos poseen rasgos semejantes y trabajan arduamente por sus metas. Por ejemplo, David utilizó la piedra para derribar al gigante Goliat; Miguel Ángel la convirtió en una bella escultura; Joseph Aspdin y James Parker la mezclaron para crear cemento; y Gustavo Cabral, alias «Ciruelo», la transformó en arte con su creativa técnica de Petropictos. Sin duda alguna, cuando la mente está en sintonía con los sentimientos, se vuelve altamente creativa.

Construya y trabaje en equipo.

La sinergia entre personas es poderosa; hace que sucedan resultados extraordinarios. Pero solo cuando las personas quieren y tienen los motivos, se cumplen los propósitos. La naturaleza misma trabaja en sinergia. No obstante, en la consecución de nuestros objetivos, se crea sinergia solo cuando se trabaja en equipo.

Simplificaré la sinergia con el siguiente ejercicio, que llamo «la metáfora de los cinco dedos». Si usted está en un lugar cómodo, levante su mano derecha con la palma abierta. Ahora, solo con el dedo meñique, presione con fuerza hacia dentro. Los demás dedos deben quedar distendidos y seguir la secuencia del primero. Sin bajar su mano, siga sumando los demás dedos haciendo presión hasta llegar con el dedo pulgar, con el que cerrará el puño.

¿Pudo darse cuenta? La presión y la tensión discordante de su mano disminuyeron en la medida en que sus dedos se sumaron y todos juntos crearon sinergia en la fuerza del puño. A pesar de que cada uno de sus dedos es completamente diferente en tamaño y función, es precisamente esa diferencia la fuente de poder. Por esa razón, quien tenga una visión debe estar comprometido a trabajar en equipo.

Lea la Biblia y libros de su interés.

Los textos bíblicos de inspiración con promesas, si se aferra a ellos, le ayudarán a caminar con fe.

Cuando Jabes nació, su madre le puso ese nombre porque le causó mucho dolor durante el nacimiento. En cierta ocasión, Jabes le rogó a

Dios: «Bendíceme y dame un territorio muy grande; ayúdame y líbrame de todo mal y sufrimiento». Dios le concedió su petición, y Jabes llegó a ser más importante que sus hermanos. 1 crónicas 4:9-10 TLA. La oración sin estorbos y hecha con fe es escuchada.

Pero tiene que pedir con fe, sin dudar nada; porque el que duda es como una ola del mar, que el viento lleva de un lado a otro. Santiago 1:6 DHH. La duda no lleva a nadie a ninguna parte.

Den gracias a Dios en cualquier circunstancia. Esto es lo que Dios espera de ustedes, como cristianos que son. 1 Tesalonicenses 5:18 TLA. La gratitud siempre es mejor que la queja.

Uno solo puede ser vencido, pero dos pueden resistir. ¡La cuerda de tres hilos no se rompe fácilmente! Eclesiastés 4:12 NVI.

El trabajo en equipo crea resultados extraordinarios.

Yo soy quien te manda que tengas valor y firmeza. No tengas miedo ni te desanimes porque yo, tu Señor y Dios, estaré contigo dondequiera que vayas.» Josué 1:9 DHH. El valor o coraje es la única fuerza que no sucumbe ante el miedo.

No reprendas a los burlones, o acabarán por odiarte; mejor reprende a los sabios, y acabarán por amarte. Educa al sabio, y aumentará su sabiduría; enséñale algo al justo, y aumentará su saber. »Todo el que quiera ser sabio que comience por obedecer a Dios; conocer al Dios santo es dar muestras de inteligencia. Proverbios 9:8-10 TLA. Existen dos tipos de personas: las de entendimiento y las necias. Las primeras le ayudan, mientras que las otras le desprecian. ¡Elija creer en lo que desea, a pesar de las circunstancias, y continuará en pos de su realización!

Manténgase optimista

Ningún día es igual a otro, puesto que todo cambia constantemente. Toda situación adversa es transitoria y, mientras pasa lo más difícil, mantenga el optimismo. Piense y crea que lo mejor está por venir. Cambie por dentro y cambiará lo de afuera.

Sea optimista por decisión: defina y elija los pensamientos sobre la vida que desea. Estos crearán sentimientos afines y se convertirán en ideas, manteniendo así una secuencia constante. Esto es lo que sucede en la mente de las personas visionarias, que se mantienen ocupadas en la autogestión y autosugestión de su imaginación. Imagine lo que quiere como si ya lo estuviera viviendo. Es como usar el control remoto de un televisor, elegir los canales y decidir qué ver. En su imaginación sucede lo mismo; se activa de manera consciente cuando usted elige pensar.

En eso consiste ser optimista: en mirar a través de su imaginación sin dejarse sucumbir por las circunstancias adversas. ¡Persista y alcanzará el futuro que desea! ¡Elija pensar en lo que quiere!

Persista en lo que busca.

Persistiendo en lo que quiere, se hará digno de merecerlo; al menos, no conozco otra forma. Pero no se engañe esperando a que algo suceda o cambie por el simple hecho de permanecer en el mismo lugar. ¡Haga que las cosas sucedan! Empiece por la preparación y desarrolle al máximo sus habilidades en lo que hace.

Conocí a un hombre obstinado que llevaba más de siete años deseando desarrollar una red de negocios. Sin embargo, noté algo en él: no estaba del todo apasionado por lo que quería. Aun así, insistía todo el tiempo. Invitaba a las personas a una presentación de su negocio y utilizaba el mismo discurso con una promesa incongruente y sin valor, pues carecía de resultados. "Lo que se ve no se juzga" es el mensaje implícito que entienden las personas cuando escuchan a otros alardear.

Este hombre no sentía verdadera pasión por lo que buscaba y prefería perder el tiempo en asuntos triviales en lugar de aprender nuevas habilidades para su trabajo. En su deseo de que hicieran negocios con él, prometía la luna y las estrellas que él mismo no había podido alcanzar. Lo conocí muy de cerca y tuve la oportunidad de darle algunas sugerencias que yo he puesto en práctica, porque me han funcionado y creo que le pueden funcionar a usted: adquiera el dominio de las habilidades en lo que hace.

Este hombre del que les hablo estaba erróneamente convencido, como muchos otros que desean alcanzar algún objetivo, de que así encontraría a una persona con la pasión de ganar mucho dinero para hacer crecer su negocio y, en consecuencia, hacerse digno de todas las promesas que a él también le habían hecho creer. Le dije muchas veces: «Usted tiene que aprender primero la congruencia. Lidere con su ejemplo y haga que los demás emulen sus resultados»

La misión mantiene su mente con un propósito claro.

Sin lugar a duda, es cierto que primero se tiene una visión; sin embargo, para llegar a ese lugar, usted necesita una misión, que es el camino que debe recorrer para llegar a donde desea estar.

El amor, la paciencia, los valores, los objetivos y las metas son las cualidades de las personas con una misión. Los tres efectos se conjugan en la reciprocidad de causas: querer, buscar y dar. Puesto que quien desea lograr algo tiene que buscar el resultado, y para conseguirlo, tiene que aprender a causarlo con amor. Hay que dar para ser digno de merecerlo.

Insisto en que toda persona que desee dichos efectos en su vida tiene que aprender a causarlos con amor y paciencia

Hágalo con amor y se volverá interesante.

Añadimos el máximo valor a nuestra vida si hacemos las cosas con amor. Quien disfruta y es feliz haciendo lo que hace, generará un sentido profundo de realización. Sin embargo, la inmensa mayoría de las personas carecen de una visión y, por otra parte, no disfrutan lo que hacen, creando en sí mismas rechazo e indiferencia.

¿Cómo puede hacer interesante lo que hace? Elija una actividad que disfrute y le guste hacer. Notará una gran diferencia. Decida llevarla a cabo día a día hasta perfeccionarla. Está garantizado que lo que nos gusta justifica nuestros esfuerzos y no nos enfada como las tareas que nos disgustan. En cuanto descubra lo que quiere, adquirirá una visión por alcanzar y una misión por realizar.

Hay algo más que usted puede aprender de forma natural para convertir lo que hace en algo interesante e importante: estimular los químicos cerebrales de la felicidad. Al activar la dopamina, la serotonina, la oxitocina y las endorfinas, ¡todo se vuelve placentero!

La dopamina suele asociarse con el placer y la motivación. Para aumentar sus niveles y obtener sus beneficios, usted puede implementar hábitos clave como dormir de siete a nueve horas, celebrar sus logros y hacer ejercicio. Estas actividades le permitirán ser más competitivo, motivarse para alcanzar sus metas personales y enamorarse de lo que hace.

La serotonina es un neurotransmisor que se encuentra en el cerebro, las plaquetas, el tubo digestivo y la glándula pineal. Es considerada ampliamente como la hormona de la felicidad.

¿Cómo le hago para aumentar los niveles de serotonina en mi cuerpo y obtener sus beneficios?

Agradezca todos los días por todo lo que vive. Por ejemplo, es una bendición ver la luz del día.

Acepte y agradezca en lugar de quejarse; la aceptación trae consigo un inminente cambio de bienestar.

Está comprobado que cuando usted piensa e imagina con amor lo que le desagrada, ya sea una persona o una situación, recibe de vuelta una actitud afable.

Disfrute la naturaleza al máximo.

Recuerde momentos importantes, viaje a donde quiera y tenga nuevos proyectos.

Estas actividades permiten gestionar una sana autoestima; también podrá enamorarse de su trabajo y mantener su estado de ánimo alegre

La oxitocina es una hormona directamente relacionada con los patrones sexuales en el hombre y la mujer, la cual nos conduce a tener mayor intimidad con la pareja. Por esto, es ampliamente conocida como "la hormona del amor".

Para aumentar sus niveles en su cuerpo y obtener sus beneficios, le sugiero las siguientes acciones:

Medite, reflexione o manténgase en la oración: estas prácticas reducen el estrés y fomentan un estado mental de calma, ideal para la producción hormonal.

Dele un abrazo a alguien, en especial a sus seres queridos: el contacto físico afectivo es uno de los estímulos más poderosos para liberar esta hormona.

Haga un acto de generosidad: ayudar a los demás fortalece los vínculos y activa los sistemas de recompensa de su cerebro.

Haga el amor y tenga intimidad de calidad con su pareja: el contacto íntimo y el orgasmo provocan picos muy altos de esta sustancia.

Estas acciones le permitirán sentir afecto por los demás, fortalecer la relación con su pareja y le ayudarán a ser una persona más amable, generosa y empática con sus semejantes.

La endorfina, también conocidas como la hormona de la felicidad, son sustancias que produce nuestro cerebro generando un efecto de placer y bienestar. Se ha comprobado que su deficiencia puede producir estados de depresión o desequilibrio emocional.

Para aumentar sus niveles y obtener sus beneficios, trabaje en equipo, cante, baile, escuche la música que le guste, haga ejercicios, ríase con sus seres queridos y salga a correr. Estas son algunas actividades que le permitirán mejorar su estado de ánimo y ser más positivo.

Tener paciencia es indispensable para alcanzar nuestra misión.

Este es el camino que debemos recorrer para llegar a donde queremos estar; funciona como un mapa que nos indica el territorio y, entre más lejos vayamos, más paciencia necesitamos. La mayoría de las personas cometen el error de desear los resultados con la misma inmediatez con la que desean las cosas. Pensar en el tiempo y el esfuerzo que deben invertir suele generarles frustración. Sin embargo, la paciencia es la virtud que debemos aprender para lograr encontrar lo que buscamos.

¿Cómo se aprende esta virtud? Consiste en definir, elegir y decidir ser pacientes de manera constante. Todo es cuestión de voluntad. Insista y resista en lo que quiere. Las cosas ocupan un espacio y, cuando no están ancladas en el lugar correcto, se reacomodan por causa. Es decir, si la vida que vive no es la que usted desea, usted es la causa; por lo tanto, cámbiela.

Mantenga la esperanza para que las cosas sucedan.

Las personas que aprenden a esperar en el proceso, sin detenerse, hacen que las cosas ocurran. Por ejemplo, el estudiante universitario que no deserta, sino que continúa cursando todos los semestres hasta llegar al último, es quien obtiene su título. La paciencia es la virtud que premia a quienes aprenden a esperar sin detenerse durante el trayecto.

Como bien se dice, la esperanza crea paciencia. Las cosas suceden no por azar, sino como consecuencia de querer, buscar y dar. La mayoría de las personas que se desesperan le niegan a la esperanza la posibilidad de que algo bueno suceda y, por lo tanto, dejan de intentarlo. Los resultados son el fruto de no rendirse y seguir perseverando.

Quienes trabajan por una misión y son pacientes, tarde o temprano la alcanzan.

Mantenerse activo en el proceso es clave.

Quienes perseveran en su objetivo terminan alcanzándolo, tal como Esopo, el antiguo escritor griego, relata en su fábula *La liebre y la tortuga*. En ella, ambos animales compiten en una carrera. Sabiendo que la liebre tenía una gran ventaja, la tortuga avanzaba con lentitud. Confiada, la liebre decidió darle ventaja y se sentó a descansar bajo la sombra de un árbol. Al despertar, vio que la tortuga ya estaba llegando a la meta. Aunque corrió con todas sus fuerzas, la liebre no pudo alcanzarla y perdió ante la tortuga, que ganó por permanecer constante.

La inmensa mayoría de las personas desea resultados rápidos. Sin embargo, al igual que la liebre, suelen desesperarse y perder el interés cuando se apartan del camino. Aunque la liebre poseía todos los recursos y ventajas para ganar rápidamente, el éxito es de quien trabaja constantemente para causarlo.

Los valores de las personas con una misión.

Usted, como persona con grandes propósitos por alcanzar, busca siempre mejorar en lo que hace. Su disposición para servir y el valor que agrega a su vida lo guían para actuar con practicidad al buscar ayuda, desarrollar su liderazgo y crear equipos de trabajo sólidos.

Mejorar continuamente genera confianza.

El éxito no surge de la noche a la mañana, como aparentemente se deja ver; emerge y permanece como resultado de no dejarse socavar por la adversidad. En el proceso hay altibajos, ensayo y error, con aciertos y desaciertos, pero siempre con actitud positiva y con el valor y el coraje de quien se atreve. Sin esta condición, creo que nadie puede obtener un producto final que satisfaga sus propias expectativas.

No hay recetas mágicas ni atajos para el éxito, solo parámetros y métodos. Por esa razón, lo que sea que usted haga, mejórelo. Los métodos le ayudarán a hacerlo posible. Dos horas de su tiempo en la preparación de lo que usted hace o quiere, marcarán la diferencia en el resultado.

Si usted está buscando mejorar su vida, permanezca atento a todo lo que le suma o le agrega valor. ¡Compruébelo! Lo simplificaré con este ejercicio: sume a su cuenta bancaria la cantidad de treinta pesos diarios. Si lo multiplica por treinta días, obtendrá la suma de novecientos pesos; a su vez, si multiplica esta cantidad por doce meses, obtendrá un total de diez mil ochocientos. Si este mismo ejercicio lo prueba con la resta, aparentemente sería la misma cantidad de dinero, pero no el mismo resultado. Lo mismo pasa con nuestras relaciones humanas: nos agregan valor o nos restan.

Mejorar continuamente, en primer orden, incluye nuestras relaciones: la intrapersonal, que es la relación con uno mismo, y la interpersonal, que se da por consecuencia de la primera. Sin este orden, no se puede llegar lejos a solas, mucho menos avanzar a donde usted quiere llegar.

Estar dispuesto a servir es ayudar.

Las personas con un propósito claro desean aportar valor a través de lo que mejor saben hacer. Se caracterizan por su agudeza mental, empatía y por reconocer que todos nos necesitamos, encontrando su propia plenitud al ayudar a otros a crecer.

Agregue valor a su vida cada día.

Usted puede vivir una vida ordinaria haciendo lo que no le gusta y, le aseguro una cosa, quitará la poca ilusión que hay en su existencia. Se llenará de excusas y frustraciones. Esta es la mejor decisión: agregue valor a su vida haciendo y disfrutando lo que le gusta, y su vida será extraordinaria. Nadie puede decir que es feliz o está creciendo en lo que no le agrada.

Las personas que viven en el proceso de alcanzar su misión agregan a sus vidas el máximo valor: aman lo que hacen. Viven este proceso felices y con entusiasmo, precisamente porque disfrutan su labor. Por esa razón, no desisten de lo que quieren hasta que lo obtienen. El coraje es otro de sus valores para hacer que las cosas sucedan; por este motivo, siempre responden con optimismo ante las adversidades. También son disciplinados, comprometidos, apasionados y organizados. Siguiendo el orden de prioridad, hacen lo que es verdaderamente importante.

¡Sea práctico, busque ayuda para que sea más fácil!

Todas las personas con grandes propósitos sienten la necesidad de crear una red de personas que contribuyan a mejorar sus vidas. Necesitan compartir su misión para que todos se beneficien y alcancen objetivos comunes. Es parte de la inteligencia que tiene una persona con gran visión, pedir ayuda y darla cuando otro la necesite. Moralmente, todos estamos obligados a ayudar en lo que podamos.

Cuando una comunidad de personas desarrolla esta inteligencia de ayudarse, hacen cosas extraordinarias. Supongamos que un millón de personas hacen una contribución de un peso cada una; el resultado sinérgico es sorprendente. En esa acción ordinaria se hace algo extraordinario: se crea un millón de pesos. Cuando se crea esta conciencia de abundancia en un colectivo, todos se hacen prósperos.

¿En qué consiste el ejercicio de pedir ayuda? Consiste en hacer sinergia para crear cosas extraordinarias. Hagamos un ejercicio mental para despertar la conciencia y hacer sinergia: ¿Cómo le haría usted para sumar y obtener la cantidad de cincuenta mil pesos en un mes? Pero que no tenga que ver con su propio esfuerzo; solo enfóquese en el resultado, más no en lo difícil que es el proceso de hacerlo posible, para que no se frustre. Siguiendo esta lógica de pedir ayuda, la sinergia se crea. ¿Convocaría a cuarenta y nueve personas para que cada una le aporte mil? O bien, ¿qué haría usted para crear sinergia? Al final, la respuesta es simple, pero sinérgica.

Desarrolle su liderazgo.

Para desarrollar su liderazgo y lograr su visión, su trabajo consistirá en influir en las personas mediante su firme propósito. Para ello, es indispensable que cultive valores y cualidades personales. La autodirección le permitirá descubrir y definir exactamente lo que busca. La convicción es clave, ya que debe creer firmemente en sus metas para inspirar a otros. Ante todo, viva en el valor de la congruencia, lo cual le ayudará a ganarse el respeto y la admiración de su equipo.

Hable siempre en positivo y desarrollará un lenguaje motivante, con la capacidad de influir positivamente en cualquiera que lo escuche. No obstante, evite hablar mal de otras personas, porque el lenguaje negativo merma las fuerzas. Aprenda el método de motivación más poderoso que existe: el elogio. Acostumbre elogiar en privado y en público; ya sea por escrito o hablado, su mensaje debe ser sincero, breve y específico.

Si de verdad quiere desarrollar el carácter de un buen líder, desaprenda lo malo e interiorice lo bueno. Todo se aprende; es cuestión de carácter. Para forjar una personalidad a su medida, ¡apréndalo! Moldee su temperamento con buenos hábitos, costumbres, valores, creencias, conocimientos, actitudes y su religión. De los siete conceptos citados, ¿cuál de ellos no se puede aprender? Todo se puede aprender, salvo el temperamento con el que se nace. Se puede nacer melancólico y flemático, o bien sanguíneo y colérico.

El temperamento es la carga genética, es decir, el genotipo y fenotipo que trae consigo la persona en sí y no se puede cambiar, solo moldear. Por ejemplo, la estatura, el color de piel, de los ojos, la inteligencia, la predisposición a enfermarse, el cabello y el tipo de sangre. Todo lo que está en sus genes forma parte de su temperamento, pero ninguno de ellos determina su vida tanto como su carácter.

Los resultados extraordinarios se logran en quipo.

Los beneficios más grandes se alcanzan cuando se constituye y se trabaja en conjunto. Esta es la piedra angular que necesitan las personas con grandes propósitos para alcanzar el éxito, lo cual requiere de una habilidad fundamental: dirigir equipos.

Es importante aprender y desarrollar esta destreza para conectar y coordinar a las personas de manera responsable. Es decir, delegar funciones a cada una de ellas requiere una excelente comunicación, planificación, organización, dirección y control.

En cualquier ámbito de la comunicación, la falta de retroalimentación crea malos entendidos que frustran a las personas debido a las suposiciones que estas mismas crean. Esto sucede muy a menudo precisamente por la omisión de dicha retroalimentación.

Para que la comunicación sea efectiva, requiere empatía y consiste en saber escuchar con el corazón abierto; de esta forma, nos conectamos con los pensamientos y sentimientos de los demás.

¿Por qué cree usted que las personas no hacen *feedback* en la comunicación y solo hacen suposiciones? Las personas evitan la retroalimentación por temor a parecer tontas, o bien, porque su interlocutor las hace pensar que lo son.

Por otra parte, usted puede utilizar el recurso de la planificación para dirigir a su equipo, lo cual consiste en tomar decisiones para definir los métodos a utilizar, el porqué y el cómo llevar a su grupo a otro nivel de resultados. La planificación también sirve para establecer los objetivos que le permitirán alcanzar resultados extraordinarios.

La organización es otro recurso que está a su alcance; una vez que conforme su equipo de trabajo, podrá obtener resultados excepcionales. Hacer una excelente delegación de funciones y tareas para lograr resultados rápidos dependerá mucho de cómo dirija a su equipo. Las habilidades que desarrolle para su liderazgo serán determinantes, ya que de ello dependerá el éxito del grupo.

Preparar o capacitar a las personas, enseñándoles los procedimientos de trabajo y hacia dónde se dirigen, es su gran responsabilidad como líder. Tenga siempre en cuenta que ninguna persona querrá acompañarlo en su camino si usted no le explica con exactitud qué lugar buscan alcanzar.

Evaluar los resultados de los objetivos, metas y planes para lograr la visión es parte fundamental del control. Por otra parte, es sumamente importante medir a las personas en sus funciones mediante capacitación, adiestramiento y desarrollo previos, para que ejerzan un mejor desempeño en su puesto.

Los objetivos justifican nuestras acciones respecto a lo que queremos alcanzar.

Sus objetivos son el porqué y el para qué de lo que busca. ¿Por qué quiere más dinero? ¿Para qué quiere más dinero? Los objetivos son herramientas de planificación para las personas que saben lo que buscan y tienen una misión que les da dirección. No existe otra manera de encontrar lo que se busca que saber con exactitud para qué y por qué lo hace.

Las metas definen nuestro progreso.

Las metas son, por excelencia, las que nos permiten salir de nuestra zona de confort hacia nuestra zona de crecimiento. No se puede llegar lejos sin medir los resultados y saber que estamos avanzando. El recurso que nos hace progresar, avanzar y mejorar radica en ponernos metas. Entonces, ¿por qué las personas cambian sus metas? La razón es que muy a menudo se desesperan y buscan métodos rápidos e instantáneos que les permitan alcanzar resultados sin precedentes. Al no tomar en cuenta la constante del tiempo en un proceso, es fácil cambiar las metas sin los métodos.

Resumen:

El efecto de encontrar

Las personas que provocan este efecto comparten las siguientes afinidades:

- Tienen una visión que les da dirección y nunca van a la deriva.
- Tienen certeza de lo que buscan porque saben lo que quieren.
- Tienen convicción porque eligen creer.
- Utilizan su imaginación de manera creativa.
- Diseñan estrategias para lograr su visión.
- Hacen que las cosas sucedan buscando a personas afines.
- Construyen y trabajan en equipo.
- Estudian temas o libros de su interés.
- Definen, eligen y deciden ser optimistas.
- Persisten en lo que buscan.

- Tienen una misión que los mantiene enfocados en su propósito.
- Hacen las cosas con amor.
- Tienen la paciencia para lograr su misión.
- Tienen la esperanza de que las cosas sucedan, manteniéndose activos en el proceso.
- Permanecen activos en la búsqueda constante.
- Viven guiados por valores.
- Buscan la mejora continua.
- Están dispuestos a ayudar sirviendo a los demás.
- Agregan valor a sus vidas cada día.
- Son prácticos al momento de buscar ayuda.
- Desarrollan su liderazgo.
- Trabajan colaborativamente.
- Tienen objetivos claros.
- Establecen metas definidas.

¡El que da, recibe!

Es el enunciado del efecto de recibir, basado en la causa de dar.

¡Usted es la causa de recibir o, bien, de cosechar lo que siembra!

Este es el efecto de la segunda creación: hacerlo posible.

Parte III

Tercer Efecto:

¡El que da, Recibe!

¿En qué consiste el efecto de recibir?

Usted es la causa consciente y voluntaria que produce el efecto de recibir cuando aprende a dar.

Este efecto consiste en tomar acción y salir de la zona de confort. La confianza y la esperanza crean lo extraordinario a través de la acción, ya que le preparan para recibir lo que desea. La convicción es la razón de quienes desean merecer. Es el efecto de la segunda creación, donde las palabras sobran y solo los hechos cuentan. Como dice Gálatas 6:9 en la Nueva Versión Internacional: «No nos cansemos de hacer el bien, porque a su debido tiempo cosecharemos si no nos damos por vencidos».

En primer orden, este efecto se basa en la ley de la cosecha, la cual indica que solo cosechamos lo que sembramos. Sin embargo, para recibir lo extraordinario, usted tiene que salir de su zona de comodidad. Es fundamental mantenerse en forma para realizar el esfuerzo que esto exige; después de todo, ¿quién puede añadir valor a los demás de una forma ordinaria? Solo quien mantenga la confianza y la esperanza podrá recibir lo que anhela.

La ley de la cosecha.

La ley de la cosecha no es solo una acción pura; es el proceso de sembrar lo que se desea cosechar. Este proceso requiere preparación, elección, orden y tiempo. ¿Quién puede preparar la tierra sin herramientas? La analogía de sembrar está dirigida a quienes desean ser dignos de merecer o recibir lo que buscan.

De igual forma, las herramientas sirven para preparar el terreno de la mente. Solo quien mantenga la confianza y la esperanza podrá recibir lo que desea. ¿Quién puede dar lo que no tiene? Lo que se recibe siempre está en proporción a lo que se hace.

La ley de la cosecha se basa en el principio de sembrar.

Muy a menudo, usted quiere alcanzar sus deseos y siembra en su mente la semilla de una visión, pero olvida las acciones que lo llevarán al lugar que imagina. Una vez que se siembra, la semilla nace, pero depende de usted hacerla crecer o dejar que se pierda entre la maleza de la incredulidad, la cual siempre socava los buenos propósitos. Sin duda alguna, ¡si usted deja de creer, deja de hacer!

Considero que sembrar tiene un fundamento clave: el valor de la acción. ¿Qué es lo que se siembra? Eso depende de la semilla que elija. Todo pensamiento es como una semilla que, cuando se alimenta con sentimientos, se transforma en ideas y estas, a su vez, mediante acciones, se convierten en cosas tangibles.

La acción en *Servir o no hay siembra.*

Quien quiera cosechar debe estar dispuesto a servir y convertirse en hacedor del bien. ¿En qué consiste el valor de la acción? Consiste en el servicio, entendido como la disposición para brindar un beneficio; es decir, ayudar sirviendo.

Cuando usted ayuda sirviendo en lo que sabe hacer y lo disfruta, siembra confianza, esperanza, gratitud y amor. De esa manera, quita la maleza de la indiferencia. Esto solo sucede en quien tiene la mente dispuesta a servir.

El otro valor que se requiere para sembrar es la preparación, entendida como la acción de quitar la maleza de la incredulidad y la duda, las cuales impiden el crecimiento y desarrollo de su misión.

La preparación antes de sembrar.

La ley de la cosecha se basa en el fundamento o principio de sembrar y, para ello, requiere del valor de la preparación; el cual consiste en el ejercicio de quitar o apartar de nuestra mente los pensamientos y sentimientos que nos impiden lograr lo que deseamos. Este valor mantiene el orden de lo que debe permanecer en nuestra conciencia.

Sin embargo, nada puede permanecer mucho tiempo en la conciencia a menos que se defina, es decir, que se le otorgue una idea o significado. Por esa razón, el sembrador define lo que quiere sembrar, acuerda consigo mismo y luego elige la semilla que desea cultivar.

Con esta perspectiva analógica, el sembrador define, elige y decide sembrar hortalizas, pero antes, limpia la tierra quitando la maleza que impide su crecimiento y, en el proceso, se mantiene atento a su desarrollo para que den buen fruto. Si por algún tiempo se olvida de mantenerla limpia, en pocos días la maleza ahogará su huerto y la buena planta se perderá. Esto mismo suele suceder en la mente de quienes no tienen bien definidos sus objetivos, permitiendo que pensamientos saboteadores apaguen su visión. Así es como usted puede perderse en la maleza de la incredulidad y la duda.

Sin duda alguna, toda preparación requiere disciplina. Una buena cosecha es el efecto de mantenerse aprendiendo siempre, sin importar su profesión u oficio. En esa dirección se permanece creciendo con firmeza hacia lo que se quiere alcanzar.

Limpiar la mente es, pues, silenciarla de los pensamientos que deprimen y socavan sus buenas intenciones. Para eliminar ese mal, también se requiere creer en lo que usted quiere lograr.

La disciplina es el segundo principio y, tal vez, el definitivo en la ley de la cosecha que mantiene el orden como valor. Definitivamente, usted necesita disciplina para conservar en su mente la imagen de lo que desea y para seguir creyendo en lo que aún no ve.

Toda preparación requiere de disciplina.

Quien se guíe por este principio cosechará los resultados de sus esfuerzos. La disciplina es la ciencia del éxito y las personas disciplinadas, en primer lugar, eliminan de sus mentes todas las excusas y cultivan una mentalidad optimista.

Ahora bien, cuando pierda un poco el interés por seguir haciendo lo que cree que le dará frutos, no se rinda; manténgase en la determinación de seguir lo que quiere, pase lo que pase. Recuerde que nada es para siempre, sino transitorio y cambiante. El valor de la acción le ayudará a seguir sembrando.

Siempre habrá razones para renunciar, pero también motivos para seguir de pie y continuar. En eso consiste el orden: en evaluar los motivos para seguir adelante hasta cosechar lo que se ha sembrado. El orden es el valor esencial de la disciplina como fundamento para sembrar y cosechar.

En esta secuencia del orden existen dos tiempos en la preparación: el de sembrar y el de cosechar. El primer tiempo, la preparación para sembrar, consiste en establecer los valores que sustentarán los procedimientos del desarrollo y crecimiento para alcanzar la cosecha. El sembrador, cuando prepara la tierra para la semilla, establece el orden, el cual consiste en elegir el tipo de semilla, limpiar quitando la maleza para que la semilla brote y crezca, y alimentarla con agua y nutrientes orgánicos que la harán prosperar.

¿Qué sucede cuando aplicamos los valores y los vivimos? Definimos la vida que queremos y establecemos el orden para vivirla de acuerdo con esos parámetros. Asimismo, cualquier persona que quiera cosechar buenos resultados se esforzará por mantenerse alineada a un propósito, el cual consiste en crecer hasta trascender y donde el legado es la disciplina.

Salga de su zona de Confort.

A menudo, la inmensa mayoría de las personas se encuentran en su zona de comodidad por la falta de metas. De hecho, la muestra palpable de que alguien está sumergido en su zona de confort es que no hace nada al respecto; solo se queja de los demás y culpa a sus circunstancias. Nadie puede dar su máximo rendimiento si no está libre de excusas. Para eliminarlas, es necesario establecer metas alcanzables.

El estado de comodidad no es más que el conformismo de quien carece de objetivos. Si usted desea con todas sus fuerzas alcanzar el éxito y se pone en acción, podrá obtenerlo mediante la disciplina.

¿Qué más se necesita para salir de su zona de comodidad?

Primero: dejar de quejarse y de sentirse víctima, estableciendo objetivos claros.

Segundo: dejar de culparse o culpar a otros; es decir, dejar atrás el pasado y vivir en el presente.

En efecto, quien deja de quejarse, deja de culpar. De esta manera, usted podrá escucharse a sí mismo y tomar la mejor decisión: responsabilizarse de cómo quiere vivir.

En la dirección y en el lugar correcto, quien se esfuerza al máximo deja un legado: la determinación para hacer posible lo que quiere. Esa es la cualidad para causar el efecto de recibir el máximo galardón y lograr la visión. Pero, hasta que no determine cómo quiere vivir, no podrá recibir lo que desea. Determinar es definir con voluntad la vida que uno quiere vivir; es tener fe y coraje para causar el efecto de recibir. No se dé por vencido ante el miedo y las circunstancias. Cabe señalar que en ninguna de las biografías de las personas que han dejado un legado se podrá leer la ausencia de fe. Implícitamente, la fe determinó la vida que eligieron para alcanzar sus objetivos. ¿Cómo quiere vivir para merecer la vida que desea? Haga lo ordinario extraordinario. ¡Tenga fe!

Por ejemplo, Raúl definió vivir sin alcohol y cigarros. Con voluntad, eligió centrarse en el atletismo y, con fe en lo que hace, se mantiene libre de culpas y resentimientos. Decidió cambiar sus vicios por buenos hábitos. Gracias a este cambio, con el que transformó lo ordinario en extraordinario, hoy puede cubrir por completo los gastos de su hogar. Desde que determinó con fe cómo quería vivir, se siente más unido, feliz y comprometido con su familia.

Gilbert, una mujer que quedó viuda con cuatro hijos, decidió sacarlos adelante, pese al dolor y la tristeza que le nublaban ver su potencial y firmeza. Un día me contó lo siguiente: «Cuando me dieron la noticia de que mi esposo había fallecido, nuestros sueños juntos se derrumbaron. Sentía que el cielo se me caía a pedazos; sin el apoyo de nadie, y aun con el dolor que sentía, determiné con fe seguir adelante por amor a mis hijos. Empecé a vender helados y poco a poco fui superando su pérdida. Dejé atrás los sentimientos de abandono, de víctima, de culpa y de resentimiento».

Gilbert aprendió una habilidad que pocas personas adquieren: retener el dinero. Ahorró la mayor parte de sus ingresos y los invirtió en otro negocio. Hoy por hoy, me da lecciones de cómo ahorrar. Se volvió experta en el tema del ahorro.

A la edad de 8 años, impulsado por sus circunstancias, Luis decidió vender dulces en la escuela de su comunidad. A los 16, ya contaba con una gran tienda de abarrotes que proveía a su localidad. Solo terminó la primaria, pero se convirtió en un experto en el comercio al menudeo. ¡Lo admiro por eso!

Norma, enfermera y excompañera de universidad, se graduó a los 60 años como licenciada en psicología. Logró su objetivo para dedicarse a la terapia y ayudar en el manejo de las emociones en su unidad de salud.

Las personas que permanecen en el proceso de una formación práctica se vuelven expertas. Y es porque están decididas con fe a alcanzar sus objetivos; a diferencia de otras, estas personas hacen un proceso dinámico en sus mentes: definen, eligen y deciden cómo quieren vivir.

Agregue valor sirviendo en lo que sabe y disfrútelo.

Si usted tiene una habilidad, profesión u oficio y la pone al servicio de otras personas, estará creciendo y aprendiendo en la misma proporción en que sirve y beneficia a los demás. Solo hay dos formas en que usted puede ofrecer lo que tiene: con un servicio excelente o con uno deficiente. Sin embargo, solo se puede servir de manera excepcional cuando se quiere y se disfruta lo que se hace. Por consiguiente, se crea satisfacción en ambas direcciones: en quien lo recibe y en quien lo ofrece. El llamado a servir no es para unos cuantos, sino para todos. ¡Cree la mayor satisfacción, ayude a otras personas! Y no hay mayor satisfacción que servir.

Así, por ejemplo, el profesor enseña a sus alumnos con gran pasión; el médico brinda el mejor remedio y atención a sus pacientes; el ama de casa prepara el mejor alimento a su familia con inmenso cariño; el conductor de taxi ofrece el mejor servicio a sus pasajeros; el vendedor entrega el mejor producto a sus clientes; el empleado da su mayor desempeño a su empresa; el cocinero prepara el mejor platillo a sus comensales; los hijos se sujetan a la obediencia de sus padres, y estos corresponden con educación, valores y manutención; por su parte, los deportistas hacen su mejor jugada y entusiasman a sus espectadores.

De esta manera secuencial, quienes comprenden que la mayor satisfacción radica en dar, servir y ayudar se esfuerzan, se disciplinan, se entrenan, se mantienen aprendiendo constantemente, se coordinan, se comunican, se comprometen, se capacitan, se responsabilizan, se entusiasman y se motivan para dar lo mejor de sí. Esa es la verdadera satisfacción: ayudar sirviendo. En efecto, nadie puede añadir valor a sus semejantes sin valores. Quienes se niegan a este principio se excluyen, se desilusionan, se frustran, se amargan, se pierden oportunidades, se estancan y se obstaculizan a sí mismos.

Aplique feedback si quiere recibir lo que quiere.

—¡Quiero un dulce! —le dijo el niño al tendero. —¿De cuál quieres? —le respondió este. —¡El que sea! —le insistió el niño. —¡De ese no tengo! —respondió el tendero.

Se escucha gracioso, pero a la inmensa mayoría de las personas le pasa lo mismo que al niño cuando no saben definir qué es lo que quieren recibir. Si usted no define lo que quiere, nunca lo podrá elegir, mucho menos lo podrá recibir si no lo ha decidido. ¿Cómo podrá aferrarse a su deseo si no lo conoce?

El *feedback* es la respuesta que usted recibe o puede generar para reafirmar lo que realmente quiere.

Este relato lo explica de manera simplificada: un comensal que es de otra región visita un restaurante de playa que no conoce y pide un pescado a la talla, pensando que es el mismo que está acostumbrado a degustar. Después de esperar más de una hora y con la expectativa de consentir a su paladar, por fin el mesero le sirve el esperado platillo.

Al ver que se trataba de otra forma de preparación, el comensal objetó bruscamente: ¡este no es el pescado a la talla que yo le pedí! El mesero le insistió en que ese era el platillo que había ordenado. *¡Haberlo pensado antes; si hubiera sabido que no se trataba de lo mismo, no* *lo habría pedido!*, pensó el comensal para sí mismo. Comprendió entonces que debió preguntar antes de ordenar: ¿cómo preparan este platillo en este lugar?

Es fundamental definir cómo queremos exactamente lo que deseamos y si estamos buscando en el lugar correcto. Debemos escuchar a las personas adecuadas para que nos den la mejor dirección, de lo contrario, nunca llegaremos a los resultados que deseamos. Por ejemplo:

Un forastero que llega a una ciudad desconocida le pregunta a un portero dónde se encuentra la calle 20 de Noviembre, en lugar de preguntarle a un taxista. Las probabilidades de que el forastero reciba la respuesta correcta por parte del portero son casi nulas.

Un ama de casa le pregunta a su vecino, que es médico cirujano, dónde comprar los materiales con los que construyó su casa, que luce espectacular, en lugar de preguntarle al arquitecto y a los maestros de obra que se la construyeron.

"Zapatero a tus zapatos", la mejor dirección la tienen quienes saben del tema. Si quiere tomar buenas decisiones, busque siempre la asesoría de las personas correctas.

Un joven llega a una sastrería y quiere arreglar el largo de sus pantalones.

—Le traigo cinco pantalones para que me los arregle —le dice al sastre, el cual está muy apurado por la gran cantidad de trabajo.

El sastre interrumpe su labor para tomarle las medidas y le pregunta al joven:

—¿Para qué día los quiere arreglados?

—¡Ya que termine todos sus pendientes! ¡Porque lo veo muy ocupado! —amablemente le respondió el joven.

—¡Está bien! —dijo el sastre, y el joven se retiró con satisfacción.

Después de dos días regresa y pregunta: —¿Ya están listos mis pantalones? —¡Aún sigo muy ocupado! —le respondió el sastre con mucha prisa.

Todo lo que se deja a la deriva o a merced de las circunstancias no tiene fecha y no se toma como importante. ¿Cuándo quiere iniciar? ¿Para cuándo lo quiere lograr? ¿Para cuándo quiere que suceda lo que desea? Las preguntas correctas le ayudarán a establecer los parámetros de su crecimiento.

Crear y mantenerse en buena condición.

Existen tres condiciones que deben ser óptimas para causar el efecto de recibir lo que desea. La primera condición es mental, la segunda es emocional y la tercera es física. Si usted quiere lograr algo extraordinario para su vida, también tiene que apelar a su fuerza espiritual de creer que puede obtenerlo. Esta fuerza llega cuando se alinean las tres condiciones mencionadas. Así como en un camino cuesta arriba lleno de escombros resbalará una y otra vez hasta que decida quitarlos para caminar en tierra firme, nada se consigue con una mente llena de dudas y miedos.

¿Se puede crear y mantener una condición mental que se alinee con su propósito? En efecto; se necesita definirlo, elegirlo y decidirlo. Usted puede crear y mantener esa condición para cosechar lo que desea.

Estas son las tres condiciones para ser digno de merecer lo que desea:

Yo defino mi condición mental de ser.

Yo elijo mi condición emocional de estar o sentir.

Yo decido mi condición física de actuar.

Yo defino mi condición mental de ser.

Si usted es capaz de definir su condición mental, significa que solo usted es el responsable de los pensamientos que genera en su mente. ¿Es posible desechar los pensamientos que usted no quiere y mantener en su mente los pensamientos que sí quiere que sucedan en su vida como una experiencia? Por supuesto que sí, ya que gran parte de esa fuerza mental se encuentra en la conciencia plena, y esta se logra también cuando definimos la realidad que se forma de un constructo personal y convencional. Por consiguiente, si usted decide ser feliz, tiene que crear y mantener esa condición en su mente, generando los pensamientos que crearán esa experiencia. Por ejemplo, ser amable a pesar de que la interacción con las demás personas sea hostil.

Imagine una brusca y cortante respuesta de un cajero de un supermercado porque apaga el semáforo de su caja en señal de que ya no atenderá más. Si quiere establecer su condición mental de ser en esta situación, usted debe elegir la empatía como un pensamiento que lo mantendrá alineado en su propósito: ser feliz. ¿Por qué molestarse? Si el cajero ha estado trabajando sus horas establecidas y es justo que se vaya a descansar, ¡piense de esta manera y empatizará con él!

Pero más adelante, en el semáforo de la segunda cuadra para ir a su casa, un conductor desesperado intenta pasarse el alto. Al verlo venir en su auto, usted se detiene bruscamente y, con descaro y enfado, el otro conductor lo mira como si lo culpara por evitarle el paso. A pesar de esta situación, usted se mantiene firme en su condición mental de ser feliz. Elige entonces pensar en la amabilidad, la empatía, el amor y la paciencia. De esta manera, eleva sus pensamientos a un nivel más consciente y se logra dar cuenta de que el conductor ha perdido el control de su conciencia y está impulsivo. El conductor molesto carece de la habilidad de negociar la petición de su pase para avanzar; por lo tanto, usted se mantiene más paciente, experimentando así la templanza. Al final de todo esto, usted logra mantenerse en su estado mental de ser.

Yo elijo mi condición emocional de estar o sentir.

Cuando alguien define la vida que quiere o cómo desea sentirse, crea en su mente una experiencia neuronal subjetiva real. Sin embargo, cuando elige, crea su propia experiencia emocional —de estar o sentirse— que perdura en el tiempo, independientemente de lo que decida. Las personas que no se permiten o evitan disfrutar, se pierden esta condición.

Entre más consciente sea de lo que elige, más tiempo tendrá para vivirlo. Y no hay otro tiempo más que el aquí y el ahora. Solo se elige en beneficio de lo que se es consciente. Si usted es capaz de definir qué es ser feliz, tendrá entonces la condición emocional para elegir disfrutar. Estas dos condiciones, al igual que una tercera, deben permanecer para que usted en efecto pueda recibir.

¿Cómo podría usted elegir la condición emocional de mantenerse entusiasta? Observemos el caso de Raúl. Él es una persona optimista con grandes sueños y proyectos por realizar, como poner un restaurante de mariscos, pero hay algo que lo detiene cada vez que piensa en emprender: su esposa Olivia lo mantiene a raya con sus comentarios. Ella le dice que no lo va a apoyar porque no le gustan los negocios de comida.

Las palabras defensivas de su esposa lo deprimen, quitándole las fuerzas y las ganas de seguir adelante con sus ideas. Ciertamente, lo que no se define no se puede crear; mucho menos se podrá elegir y decidir. Raúl tiene que definir qué es lo que quiere y elegir esa condición emocional de sentirse entusiasmado; quizás de esa forma logre mantenerse firme en su elección. Raúl ama a su esposa y no quiere contrariarla, pero las respuestas de ella solo consiguen deprimirlo.

En eso consiste el poder de la elección: en definir, elegir y decidir cómo quiere usted vivir o estar. ¿Desea estar deprimido o entusiasmado? Ambas cosas pueden perdurar, dependiendo de lo que se defina. Hágase siempre esta pregunta: "¿Cuál es la condición emocional en la que quiero estar o sentirme?", y obtendrá una respuesta. Y si usted se hiciera esta pregunta tantas veces como quisiera, no tendría otra opción más que definir, elegir y decidir: triste o alegre, feliz o infeliz, entusiasta o amargado, sonriente o indiferente, valiente o temeroso, decidido o dudoso, diligente o negligente, odiando o amando. Todo radica en lo que defina, aunque muchas veces usted elija y decida sin haber definido primero.

Yo decido mi condición física y mi capacidad de actuar.

Al ser determinante y definir la vida que quiere, su elección debe ser consciente para decidir y actuar en consecuencia con lo que desea recibir.

Después de esto, su mente creará la condición física para mantenerse y actuar en un proceso dinámico y recíproco, que tiene una secuencia en tres pasos: definir, elegir y decidir. ¿Usted puede elegir sin definir, o conscientemente decidir sin elegir? Esto sucede todo el tiempo en la vida de la mayoría de las personas, quienes eligen no lo que quieren, sino lo que tienen a su alcance.

Por ejemplo, si usted define su condición mental de ser —lo que incluye sus conocimientos, habilidades y actitudes—, con mayor razón puede elegir su condición emocional de estar o sentirse;

así mismo, puede decidir su condición física de actuar. Un ejemplo de esto es el caso de Maricela, quien decide buscar empleo. Ella revisa la lista de vacantes que hay para su perfil como profesora de psicología y, en seguida, envía su currículum vitae. Pronto le programan una cita y, en la entrevista, le ofrecen pagar $200 pesos por clase, las cuales impartirá cinco veces a la semana. Ella decide tomar el empleo y elige emplearse. Sin embargo, al cabo de una quincena, se convence de que el pago es insuficiente para su larga experiencia. Maricela eligió esa propuesta sin definir cuánto quería ganar. Cuando uno se decide por algo, como en el caso de Maricela, lo elige por decisión, pero no por definición.

Otro ejemplo es el caso de Luis Alberto, quien decide ya no asistir a la universidad porque las exigencias de su trabajo le impiden llegar puntual a sus clases. Aunque es un excelente alumno, se ha desanimado a tal grado que ya no desea graduarse de la licenciatura en derecho, a pesar de que solo le faltan dos semestres para culminar.

Lo bueno es que Luis Alberto tiene una gran amiga: Rita, quien lo aconseja para que haga un último esfuerzo y termine su profesión. ¿Hay otra razón por la que quiera dejar de asistir a la universidad? El sueldo que gana en su trabajo no le alcanza para los gastos de la escuela y, aparte de todo, tiene que ayudar a pagar una deuda económica de su hermano menor.

Su buena amiga lo ayuda a tomar una lección de definición. Le da una pluma y una libreta y le dice: ¡Como futuro licenciado en leyes, tienes que aprender a negociar contigo! Por favor, escribe esta pregunta: ¿qué es lo que quieres que suceda en tu vida en un año?

Luis Alberto se queda pensando un momento, como haciendo una introspección de su vida, y en seguida escribe su respuesta: Quiero, en un año, graduarme como licenciado en derecho.

Cuando escribió la respuesta a su pregunta, pasó algo asombroso en su mente que sorprendió a Rita: pensó en un plan de acción sobre cómo le haría para terminar la universidad. Usted se puede imaginar lo poderoso que es la definición en las mentes de las personas; una mente definida en lo que quiere crea la suficiente confianza y fe para lograrlo.

Mantenga viva la confianza para causar el efecto de recibir.

La confianza es un valor personal o, mejor dicho, una virtud que poseen las personas que toman el coraje de luchar por sus deseos, sueños y metas. Por consiguiente, la confianza no es una mera ilusión; va acompañada de acciones, de hechos y de recursos mentales, emocionales y espirituales, como la esperanza, la autoestima, la seguridad, la convicción, la fe y la certeza. Si usted quiere la vida que desea, es importante que mantenga viva la confianza y tenga la seguridad de que podrá recibir lo que quiere y lo que busca.

La personalidad que desarrolle con este valor traerá consigo la certeza, la persistencia y la seguridad; así mismo, la aceptación, la simpatía, la amabilidad, el amor, el esfuerzo, la valentía, la fidelidad, la motivación, la bondad, la exigencia, la compasión, el reconocimiento personal y la pasión para luchar por lo que quiere y desea. De hecho, si alguien desea alcanzar su visión, pero deja de tener confianza en lo que hace, entonces se llenará de incertidumbre y duda. Tenga por seguro que esto es así: las personas que dudan de lo que quieren nunca podrán recibirlo. ¿Por qué la confianza es importante para causar el efecto de recibir? Por la siguiente razón: en la ausencia de la confianza está la incertidumbre y la duda, y en este estado mental nadie puede avanzar en la dirección correcta.

¡Apele a desarrollar el potencial que está en usted!

Resumen:

El Efecto Recibir

Quienes se atreven a generar este efecto centran su energía en la acción y el esfuerzo constante. Usted logrará manifestar este efecto si aplica los siguientes principios:

- Mantenga mucha confianza, esperanza y fe.
- Trabaje en la ley de la cosecha: Invierta tiempo y dedicación en sus propósitos.
- Viva con disciplina: Mantenga hábitos diarios orientados al cumplimiento de sus metas.
- Salga de su zona de confort: Acepte los desafíos y busque el crecimiento constante más allá de sus límites habituales.
- Aplique la retroalimentación (feedback): Utilice las respuestas y opiniones del entorno para ajustar sus acciones y encaminarse hacia lo que desea recibir.

- Crea y mantenga una buena condición: Cuide de manera integral su bienestar mental, emocional y físico.
- Mantenga una actitud positiva: Cultive permanentemente la confianza, la esperanza y la fe en sus capacidades.

Isaí Sierra Nolasco es Licenciado en Psicología por la Universidad Autónoma de Guerrero. Se desempeña como consultor y conferencista en desarrollo humano, impartiendo capacitación especializada en motivación, trabajo en equipo, relaciones humanas, servicio al cliente y cambio de actitud para empresas e instituciones de los sectores público y privado.
Es fundador de *SIERRA Consultores: Desarrollando el Potencial Humano* y miembro activo de la Red Mundial de Conferencistas, con sede en Alemania.
Tiene el firme propósito de guiar a las personas para que activen su máximo potencial, alcancen sus metas y transformen su vida.

Si desea un curso o conferencia sobre este libro, solo tiene que enviar su solicitud por correo electrónico a la siguiente dirección: **isaisnconferenciante@gmail.com**. También puede escanear el código o llamarnos al teléfono: **(55) 1290-5190**.

http://www.conferencistas.eu/sierra.htm
https://www.facebook.com/COACHISAISIERRA?locale=es_LA
https://www.youtube.com/@isaisierranolasco9633

www.ingramcontent.com/pod-product-compliance
Lightning Source LLC
LaVergne TN
LVHW031344150826
845673LV00009B/2851